ESTE É O LIVRO DA

O SIGNIFICADO
DESTE NOME É:

....

MAMÃE E PAPAI

ALGUÉM ESTAVA ESPERANDO POR MIM ANTES DE EU NASCER!

MINHA MÃE E MEU PAI ME ESPERANDO.

O NOME DA MINHA MÃE É...

____

O NOME DO MEU PAI É...

____

A DATA PREVISTA DO MEU NASCIMENTO ERA:

MÊS: ____________

	1	2	3	4	5
6	7	8	9	10	11
12	13	14	15	16	17
18	19	20	21	22	23
24	25	26	27	28	29
30	31				

O PRIMEIRO PENSAMENTO DA MAMÃE, QUANDO ELA SOUBE QUE EU ESTAVA VINDO... ____________________

____

____

____

E AQUI ESTÁ, FINALMENTE, COMO EU VOU ME CHAMAR!

____

____

OS NOMES QUE O PAPAI E A MAMÃE TINHAM PENSADO PARA MIM...____________________

____

____

____

A MAMÃE ACHOU QUE EU SERIA...

- [ ] (menina)
- [ ] (menino)

A MINHA PRIMEIRA FOTO AINDA NA BARRIGA DA MAMÃE.

A IMAGEM DO PRIMEIRO ULTRASSOM.

Foi dia...

____

AQUI ESTOU EU!

FINALMENTE EU CHEGUEI!

MINHA PRIMEIRA FOTOGRAFIA.

EU NASCI NO DIA
___/___/___, ÀS___:___.
NO HOSPITAL/MATERNIDADE:
____

COM A MAMÃE NA SALA DE PARTO ESTAVA:

____

____

MEU PESO

________KG

EU MEÇO

________CM

MEU CABELO É

____

MEUS OLHOS SÃO

____

MEU NARIZ É

____

MINHA PULSEIRINHA DO HOSPITAL.

COLE A PULSEIRINHA AQUI!

QUANDO EU NASCI, O TEMPO ESTAVA:

EU NASCI EM (CIDADE):

____

MINHA FAMÍLIA

AQUI ESTÃO TODOS AQUELES QUE EU AM

MEU AVÔ PATERNO SE CHAMA:

____

MINHA AVÓ PATERNA SE CHAMA:

____

MEU AVÔ MATERNO SE CHAMA:

____

MINHA AVÓ MATERNA SE CHAMA:

____

COM QUEM EU ME PAREÇO?

EU TENHO A APARÊNCIA DO(A) __________

EU TENHO OLHOS COMO ______________________

EU TENHO A BOCA DO(A) ______________________

EU TENHO UM ROSTO COMO _____________

EU TENHO O CARÁTER DO(A) ________

MEUS IRMÃOS E IRMÃS SE CHAMAM:

____

____

O!

MINHA AVÓ

MEU AVÔ

MINHA MAMÃE

MINHA IRMÃ OU MEU IRMÃO

MEUS BISAVÔS: ____________________

MEUS TIOS: ____________________

MEUS PRIMOS: ____________________

MINHA FAMÍLIA TAMBÉM INCLUI:

HORA DE DORMIR!

MINHA CANÇÃO DE NINAR FAVORITA:

....

....

....

....

....

....

....

ENQUANTO EU ESTOU DORMINDO...

EU GOSTO DE CHUPETA?

SIM

NÃO

EU TENHO UM URSINHO?

SIM NÃO

O NOME DELE É:

____

FOI DADO PARA MIM POR:

____

MEU COBERTOR É (COR):

____

EU ADORMEÇO ASSIM:

____

____

EU SOU DORMINHOCA? SIM NÃO

À NOITE, EU ACORDO

________________________________ VEZES.

QUAL É A MINHA POSIÇÃO DE DORMIR

FAVORITA? ______________________

PEQUENA ORAÇÃO

DA HORA DE DORMIR

QUERIDO DEUS, SOU PEQUENINO, MAS MEU CORAÇÃO É SINCERO. CUIDA DE MIM AGORA QUE VOU DEITAR, POIS SEI QUE O SENHOR CUIDA DE TODOS. TANTO GRANDES QUANTO PEQUENOS. AMÉM.

PRONTA PARA PASSEAR

EU DEI MEU PRIMEIRO PASSEIO NO DIA:

____

COM QUEM: ______________

NÓS FOMOS PARA: ____________

____

ESTAVA ENSOLARADO ☐

ESTAVA QUENTE ☐

ESTAVA FRESCO ☐

NÓS ENCONTRAMOS:

____

O ELOGIO MAIS LEGAL QUE EU RECEBI FOI:

____

____

MEU CARRINHO É:

____

____

MEUS BANHOS

O BANHO:

EU GOSTO DE:________

EU NÃO GOSTO DE:______

ISSO ME RELAXA:______

MEUS BRINQUEDOS DE

BANHO FAVORITOS:______

QUEM, GERALMENTE,

ME DÁ BANHO:

____

A QUE HORAS:

____

ENQUANTO EU TOMO

UM BANHO...

HORA DE COMER!

MINHA FRUTA FAVORITA É:

EU EXPERIMENTEI FRUTAS, PELA PRIMEIRA VEZ, NO DIA:

____

EU COMI MINHA PRIMEIRA REFEIÇÃO NO DIA:

____

EU GOSTEI:

MUITO

MAIS OU MENOS

UM POUCO

MINHA PRIMEIRA SOPA FOI PREPARADA COM:

____

____

ALÉM DE COMIDA PARA BEBÊ,

EU AINDA TOMO LEITE:

DA MAMÃE

DA MAMADEIRA

ÀS:

______ ______

______ ______

EU GOSTO MUITO: ____________________

____

EU NÃO GOSTO: ______________________

____

O(A)... NA CADEIRINHA!

MINHA REFEIÇÃO DO MEIO-DIA

____

____

____

MINHA REFEIÇÃO DA NOITE

____

____

____

ESTA É A RECEITA DA MINHA SOPA PREFERIDA:

COMO EU CRESCI!

MINHAS PRIMEIRAS PALAVRAS

______________ EM __________

______________ EM __________

______________ EM __________

______________ EM __________

______________ EM __________

______________ EM __________

______________ EM __________

______________ EM __________

______________ EM __________

______________ EM __________

E MEU PRIMEIRO DENTE APARECEU.....

NO________________________

EU COSTUMO RIR COM GOSTO QUANDO:

____

MUDANÇA DE POSIÇÃO:

EU ROLEI...

AOS______ MESES.

EU SENTEI SOZINHA...

AOS ______ MESES.

EU ME LEVANTEI AGARRADA...

AOS______ MESES.

- EU SORRI... AOS____ MESES
- EU RECONHECI AS PESSOAS... AOS____ MESES
- EU OLHEI PARA AS MINHAS MÃOZINHAS... AOS____ MESES
- EU PEGUEI UM OBJETO... AOS____ MESES
- EU BRINQUEI COM MEUS PEZINHOS... AOS____ MESES
- EU COMECEI A LEVAR TUDO À BOCA... AOS____ MESES
- EU COMECEI A COMER COM MINHAS MÃOS... AOS____ MESES

EU DEI TCHAUZINHO
EM __________

EU MANDEI BEIJINHO
EM __________

FOTO DA PRIMEIRA
VEZ QUE FIQUEI
DE PÉ.

PELA CASA

ARRASTANDO O BUMBUM...

AOS____ MESES.

ENGATINHANDO...

AOS____ MESES.

ANDANDO...

AOS____ MESES.

HORA DE BRINCAR!

MEU PRIMEIRO BRINQUEDO FOI:

____

RECEBIDO DE:

____

EU GOSTO MUITO DE BRINCAR COM:

- PAPAI ☐
- MAMÃE ☐
- VOVÔ ☐
- VOVÓ ☐
- MEUS IRMÃOZINHOS ☐

COM O MEU BRINQUEDO FAVORITO.

MEU BRINQUEDO FAVORITO É:

____

FOI DADO PARA MIM POR:

____

EU ME DIVIRTO COM O PAPAI: ______________

____

EU ME DIVIRTO COM A MAMÃE: ______________

____

COM MEU AVÔ, EU GOSTO DE: ______________

____

EU ME DIVIRTO COM MINHA AVÓ: ______________

____

COM MEUS IRMÃOS, EU ME DIVIRTO EM: ______________

____

COLE A FOTO DO SEU AMIGUINHO.

COLE A FOTO DA SUA AMIGUINHA.

MEUS PRIMEIROS AMIGOS SE CHAMAM:

____

____

____

MEU PRIMEIRO NATAL

NO DIA DO MEU PRIMEIRO NATAL EU TINHA...

__________ MESES.

O DIA DE NATAL!

A FOTO DO NOSSO PRESÉPIO.

POESIA INFANTIL DE NATAL

TODOS VÃO À CABANA PARA
VER O QUE HÁ LÁ:
HÁ UMA CRIANÇA QUE DORME
NOS BRAÇOS DA MÃE.
OH! SE EU TIVESSE UM
BISCOITO PARA DAR
ÀQUELA CRIANÇA!
EU NÃO TENHO BISCOITOS,
PORÉM TODO MEU CORAÇÃO
DEI A ELA.

EU PASSEI O NATAL EM:

____

COM: __________________________

____

____

____

____

____

NO NATAL, EU JANTEI COM:

____

____

____

____

EU EXPERIMENTEI...

____

O MENINO JESUS ME TROUXE:

____

____

____

____

____

____

PÁSCOA!

HOJE É UM DIA DE GRANDE ALEGRIA!

EU TINHA_______________QUANDO COMEMORAMOS MINHA PRIMEIRA PÁSCOA.

POEMA DE PÁSCOA

OUÇO SINOS A TOCAR,
PERTO E AO LONGE! DING!
DONG! PÁSCOA, FESTA DE
PAZ E AMOR, POIS O SENHOR
RESSUSCITOU! DING! DONG!

EU GOSTEI NA PÁSCOA...

____

____

MEU PRESENTE DE PÁSCOA FOI:

EU DEI UM PASSEIO PARA:____________________

COM: ___________________________________

FOTO DO NOSSO ALMOÇO OU PIQUENIQUE DE PÁSCOA.

FÉRIAS!

FINALMENTE, FÉRIAS!

NÓS FOMOS PARA:

____

____

AO MAR

PARA AS MONTANHAS

AO LAGO

AO CAMPO

EU PARTI PARA O MEU PRIMEIRO DIA DE FÉRIAS:

____

COM:

____

____

A MAMÃE COLOCOU NA MALA:

FOTO DAS FÉRIAS.

NAS FÉRIAS...

- ESTOU MAIS CALMA ☐
- ESTOU MAIS ANIMADA ☐
- EU TENHO MAIS APETITE ☐
- EU TENHO MENOS APETITE ☐

EU JÁ TENHO 1 ANINHO

UMA FESTA SÓ PARA MIM!

RECEBI VÁRIOS PRESENTES, COMO:

____

____

VIERAM À MINHA FESTA:

AMIGOS:

____

____

____

____

____

____

____

____

VOCÊ ESTÁ CONVIDADO PARA MINHA FESTA!

DIA: ________________

HORÁRIO: ________________

MINHA ROUPA PARA O DIA DO MEU ANIVERSÁRIO FOI:

____

MINHA FOTO ENQUANTO
EU SOPRO A VELINHA!

EU RECEBI MENSAGENS CARINHOSAS...

MEU BOLO ERA...

MINHAS CONQUISTAS MEMORÁVEIS

GRANDES PEQUENOS MOMENTOS DO MEU PRIMEIRO ANO DE VIDA!

MINHAS CONQUISTAS MEMORÁVEIS

GRANDES PEQUENOS MOMENTOS DO MEU PRIMEIRO ANO DE VIDA!